RÉPUBLIQUE FRANÇAISE.

MINISTÈRE DE LA GUERRE.

CAHIER DES CHARGES GÉNÉRALES

DU 16 FÉVRIER 1895

POUR LES FOURNITURES OU TRAVAUX

DU

SERVICE DE L'HABILLEMENT

ET DU

CAMPEMENT

(Extrait du *Bulletin officiel*, partie supplémentaire, année 1895.)

PARIS	LIMOGES
11, Place Saint-André-des-Arts.	46, Nouvelle Route d'Aixe, 46.

Henri CHARLES-LAVAUZELLE

Éditeur militaire.

1895

BULLETIN OFFICIEL

DU

MINISTÈRE DE LA GUERRE.

PARTIE SUPPLÉMENTAIRE.

Année 1895.

Cahier des charges générales pour les fournitures ou travaux du service de l'habillement et du campement.

Paris, le 16 février 1895.

Objet du cahier des charges générales.

Art. 1er. Le présent cahier des charges contient les clauses et conditions générales relatives tant à la mise en adjudication qu'à l'exécution des fournitures et travaux du service de l'habillement et du campement.

Objet des cahiers des charges spéciales.

Art. 2. Des cahiers des charges spéciales à chaque opération font connaître la nature, l'importance et la durée du service à entreprendre.

Chacun de ces cahiers des charges stipule les clauses et conditions particulières à l'opération qu'il concerne; il détermine en outre, le cas échéant, celles des dispositions du présent cahier des charges qui ne seraient pas applicables dans l'espèce, ou qui devraient être modifiées.

TITRE Ier.

DISPOSITIONS RELATIVES AUX OPÉRATIONS DE L'ADJUDICATION.

Avis des adjudications.

Art. 3. L'avis des adjudications à passer est publié, sauf le cas d'urgence, au moins vingt jours à l'avance, par la voie des affiches, des journaux et autres moyens ordinaires de publicité.

Cet avis fait connaître :

Habill.   1

1° La nature des objets et matières à fournir, des travaux, des transports ou du service à entreprendre;

2° Le lieu, le jour et l heure fixés pour l'adjudication ;

3° Les autorités chargées de procéder à l'adjudication;

4° Le ou les lieux où l'on peut prendre connaissance du cahier des charges, des formalités à remplir par ceux qui veulent concourir, et, s'il y a lieu, des échantillons, modèles, dessins, types, devis, etc., qui ont été adoptés par l'administration ;

5° Les délais accordés pour l'envoi des déclarations d'intention de soumissionner.

Composition de la commission d'admission.

Art. 4. La commission chargée de l'examen des demandes des personnes qui désirent prendre part à l'adjudication comprend les membres ci-après :

Le maire (à Paris, le préfet de la Seine) ou son délégué, prési· dent (1);

Le sous-intendant militaire chargé du service de l'habillement, membre technique ;

Un membre du conseil municipal désigné par le préfet ou le sous-préfet (2) ;

L'officier membre de la commission d'adjudication et un second officier de la garnison, l'un et l'autre désignés par l'autorité militaire.

En Tunisie, la composition des commissions d'admission est la même que celle des commissions d'adjudication.

Composition de la commission d'adjudication.

Art. 5. La commission chargée de procéder à l'adjudication se compose de :

En France et en Algérie :

Un représentant de l'autorité civile, le maire ou son délégué(3), président (1);

Le sous-intendant militaire chargé du service de l'habillement;
Un officier désigné par le commandant de la place;

En Tunisie :

Le sous-intendant militaire chargé du service de l'habillement ;

---

(1) L'absence du maire (à Paris, du préfet de la Seine) ou de son délégué n'empêche pas les décisions de la commission d'être valables et exécutoires. En son absence. la présidence appartient à l'officier ou au fonctionnaire e plus élevé en grade, à égalité de grade, à l'officier.

(2) L'absence de ce membre n'empêche pas les décisions de la commission d'être valables et exécutoires.

(3) A Paris, le préfet de la Seine ou son délégué.

Un officier désigné par le commandant de la place ;

L'officier d'administration comptable du service de l'habillement.

La présidence de la commission appartient à l'officier de troupe ou au fonctionnaire le plus élevé en grade et, à égalité de grade, à l'officier.

Rôle des membres de la commission d'adjudication.

Art. 6. Le rôle et les attributions de chacun des membres de la commission d'adjudication se définissent comme il suit :

1° Le représentant de l'autorité civile, *président*, convoque la commission d'après les ordres du Ministre qui lui sont communiqués par le représentant du service intéressé ; il est chargé de faire assurer la police de la séance et le maintien de l'ordre ; il déclare ouverte la séance d'adjudication, provoque le dépôt des soumissions, les reçoit, en donne lecture après les avoir visées et datées ; notifie en séance toute décision prise par la commission ; ouvre le prix ou rabais-limite ; proclame le résultat de l'adjudication ou de la non-adjudication ; provoque, s'il y a lieu, un nouveau concours ; rend aux soumissionnaires non adjudicataires les récépisses de cautionnement provisoire qu'ils ont pu déposer en certains cas ; fait rédiger le procès-verbal, en donne lecture et en signe deux originaux dont l'un reste déposé dans ses archives, et dont l'autre est remis au membre technique avec les pièces annexes ; fait également signer ces deux originaux par tous les adjudicataires, leurs cautions, les réclamants, s'il y en a eu, et les membres de la commission. Il lève la séance lorsque l'opération est terminée.

2° Le sous-intendant militaire, membre technique, est chargé de préparer les détails de l'opération d'adjudication ; de faire donner toute la publicité reconnue nécessaire à l'adjudication ; de faire connaître ou de proposer, s'il y a lieu, les jour et heure de la séance ; de recevoir les déclarations d'intention de soumissionner qui sont adressées, avec les justifications plus loin indiquées, par les personnes qui désirent prendre part à l'adjudication ; il en accuse réception, en dresse la liste qu'il arrête définitivement au jour fixé comme délai pour le dépôt de ces déclarations ; il recueille auprès des municipalités, des chambres et tribunaux de commerce ou des administrations publiques, et notamment de celles qui ont déjà traité avec les demandeurs, tous les renseignements nécessaires pour apprécier les titres de ces concurrents et de leurs cautions, et éclairer la commission d'admission ; il notifie aux concurrents la décision d'admission ou de refus prise par cette commission ; dresse le procès-verbal de la séance préparatoire et en fait parvenir une expédition à qui de droit. Il est encore chargé de dresser les états de renseignements ou d'évaluation, les états d'effectif ; enfin il réunit tous les autres éléments qui doivent être communiqués ou remis aux soumissionnaires et à leurs cautions pour qu'ils puissent en toute connaissance de cause formuler leurs offres, connaître leurs obligations et les conséquences qui en découlent.

En séance d'adjudication, il donne toutes indications, explications ou renseignements d'ordre technique qui seraient demandés ou qu'il jugerait utiles; à l'issue de la séance, il accepte les marchés au nom du Ministre stipulant pour le compte de l'Etat. Il fait timbrer et enregistrer le procès-verbal; fait délivrer à qui de droit toute copie ou extrait dudit acte, et assure la conservation, dans les archives du service, du double qui lui a été remis, ainsi que des pièces y relatées, qui doivent rester annexées audit procès-verbal.

L'officier désigné par le commandement comme troisième membre participe aux décisions et aux opérations de la commission.

Conditions d'admission des soumissionnaires.

Art. 7. Toute personne qui a l'intention de concourir à l'adjudication adresse ou dépose, dans le délai fixé par l'avis au public, entre les mains du sous-intendant militaire, membre technique de la commission d'admission, les pièces ci-après indiquées :

1° Une déclaration indiquant son intention de soumissionner, ses nom, prénoms, domicile et qualité, et spécifiant, s'il y a lieu, le nombre de lots ou les arrondissements de fournitures pour lesquels elle demande à concourir, ainsi que la manière dont elle entend constituer le cautionnement prévu à l'article 30 et, le cas échéant, celui qui est fixé par le cahier des charges spéciales.

2° Une pièce constatant sa qualité de Français (1):

Toutefois, en Algérie et en Tunisie, le Ministre de la guerre, et, en cas d'urgence, le général commandant le corps d'armée peut, sur la proposition du chef de service, admettre à concourir les étrangers légalement domiciliés ainsi que les indigènes qui présentent les garanties de moralité et de solvabilité nécessaires.

---

(1) Entre autres pièces pouvant établir cette qualité, on peut citer :

1° Certificat de l'autorité civile constatant que l'intéressé jouit de ses droits civils et politiques;

2° Certificat d'inscription sur les listes électorales ;

3° Carte d'électeur;

4° Certificat de l'autorité militaire établissant que le candidat a satisfait, en France, aux obligations de la loi sur le recrutement.

Cette énumération n'est pas et ne saurait être absolument limitative.

La commission d'admission peut admettre au lieu et place des pièces qui viennent d'être énumérées toutes celles qui établissent d'une manière incontestable, à leurs yeux, que le concurrent est bien Français. La preuve de cette qualité peut, en effet, résulter, suivant la situation des intéressés, de la production d'autres documents authentiques dont on ne peut, à l'avance, établir la nomenclature complète.

Les uns et les autres doivent joindre à l'autorisation qui leur est accordée un engagement par écrit de se soumettre, pour tout ce qui concerne l'adjudication et ses résultats, aux lois et à la juridiction française.

. 3° Un extrait de son casier judiciaire pour établir qu'elle n'a jamais été déclarée en état de faillite, ou qu'elle a été réhabilitée et qu'elle n'est pas en état de liquidation judiciaire.

Cette dernière pièce ne doit pas avoir plus de trois mois de date au moment de sa production.

Toutefois les anciens faillis concordataires qui auront bénéficié de la disposition transitoire de l'article 25 de la loi du 4 mars 1889, ainsi que les personnes admises à la liquidation judiciaire en vertu de la même loi, pourront solliciter leur admission à concourir, en produisant soit le jugement déclarant que les intéressés ne seront soumis qu'aux incapacités édictées par l'article 21 de la loi du 4 mars 1889, soit le jugement qui les a admis à la liquidation judiciaire, ainsi que l'autorisation spécialement délivrée par le juge-commissaire en vue de l'adjudication à intervenir.

4° Un état indiquant les entreprises de fournitures ou de travaux pour les services publics dont le signataire aurait été antérieurement adjudicataire, soit seul, soit en société.

5° S'il a spécifié avoir l'intention de constituer une caution personnelle, la déclaration écrite, accompagnée des pièces mentionnées aux paragraphes 2 et 3 du présent article, d'une personne s'engageant solidairement avec le demandeur pour l'exécution du service à entreprendre.

6° S'il s'agit d'une fabrication de matières ou objets, ou de confections, la patente de fabricant peut être exigée, ainsi que la production des pièces spéciales ci-après énumérées :

a) Un acte passé devant notaire, attestant que les usines, ateliers, machines, ustensiles, engins et agrès nécessaires pour l'exécution de la fourniture ou du service à entreprendre appartiennent réellement en toute propriété au demandeur. A défaut du titre de propriété, il doit fournir un bail ou promesse de bail authentique, constatant que la jouissance des lieux, de la force motrice et du matériel est exclusivement réservée au locataire pour une durée non interrompue suffisante pour l'exécution complète et entière du service à entreprendre. Est réputé non valable tout bail qui réserve au propriétaire la faculté de résilier avant la complète exécution du service. De plus, le bailleur doit consentir expressément à la rétrocession de ses ateliers et usines à l'Etat, si cette condition est prévue par le cahier des charges spéciales. Cette rétrocession est réglée soit amiablement, soit par expertise contradictoire.

b) Les plans des usines et ateliers dans lesquels le demandeur se propose d'exécuter le service, avec l'état détaillé du conditionnement de l'outillage. Ces usines et ateliers doivent être situés sur le territoire français; les plans et leurs annexes sont certifiés par l'architecte départemental.

c) Une déclaration indiquant la force motrice, soit à vapeur, soit hydraulique, dont chaque usine dispose, en tenant compte, pour la force moyenne à attribuer aux moteurs hydrauliques, des chômages forcés causés par la baisse ou la crue des eaux (1).

Le sous-intendant militaire donne au déposant un récépissé énumératif de toutes les pièces déposées.

En cas d'adjudication de même nature sur plusieurs points, toute personne ayant effectué sur un point le dépôt des justifications exigibles peut, sans être obligée de produire de nouveau les mêmes pièces, demander à être admise dans tout autre arrondissement de fourniture.

A cet effet, elle adresse en temps utile à la commission d'admission de cet arrondissement la demande appuyée de l'attestation du dépôt des pièces en question, délivrée par le sous-intendant militaire, membre technique de la commission de l'arrondissement où ce dépôt a été effectué. Dans ce cas, le soumissionnaire est admis sous réserve; il doit présenter à la commission en séance d'adjudication soit la preuve de la régularité des pièces déposées devant une autre commission, soit la justification de son admission dans un autre arrondissement. La commission d'adjudication délibère et statue sommairement et définitivement, en séance, sur l'admission ou le rejet.

Conditions d'admission des sociétés.

Art. 8. Les sociétés en nom collectif ou en commandite qui veulent concourir produisent les pièces énumérées en l'article qui précède sous les cotes 1°, 4°, 5°, 6° et, de plus, les pièces 2°, 3°, pour chacun des sociétaires.

Elles produisent en outre :

Une copie légalisée de l'acte constitutif de la société, des statuts et des documents modificatifs, s'il y a lieu. L'acte constitutif n'est valable qu'autant que la durée de ladite société, qui ne doit pas être illimitée, est au moins égale à la durée du marché à intervenir, et qu'il ne stipule pas de réserves de nature à affaiblir la solidarité imposée par la loi aux membres de toute société dûment constituée.

Pour les sociétés anonymes, mêmes justifications, sauf les pièces indiquées sous les n°ˢ 2 et 3 de l'article 7.

La caution personnelle et solidaire dont il est question au § 5 du même article ne peut pas être titulaire de marchés avec l'ad-

---

(1) Pour les adjudications peu importantes, les pièces énumérées au § 6 du présent article peuvent être remplacées par une note indiquant d'une façon détaillée les moyens de production.

ministration de la guerre ; elle ne doit être, pour les sociétés anonymes, ni directeur, ni administrateur.

Pour ces mêmes sociétés, il est en outre produit :

1° Une déclaration signée par le président du conseil d'administration et légalisée, faisant co·naitre les noms de la personne ou des personnes qui, d'après les statuts, ont qualité pour traiter au nom de la société.

2° Un certificat délivré par le greffier du tribunal de commerce du lieu où est établi le siège de la société, constatant qu'elle n'est ni en état de faillite, ni en état de liquidation judiciaire.

Pour les sociétés à capital variable les conditions d'admission sont celles énoncées aux paragraphes 1 et 2 du présent article si la société est en nom collectif ou en commandite et celles des paragraphes suivants si la société à capital variable est une societé anonyme.

Dispositions spéciales aux sociétés d'ouvriers français admis à soumissionner.
(Décret du 4 juin 1888.)

Art. 9. Les sociétés d'ouvriers français, constituées dans l'une des formes prévues par l'article 19 du Code de commerce ou par la loi du 24 juillet 1867, peuvent soumissionner dans les conditions ci-après déterminées, si le Ministre de la guerre juge que l'admission de ces sociétés ne peut être préjudiciable aux intérèts du service.

Pour être admises à soumissionner, ces sociétés doivent préalablement produire :

1° La liste nominative de leurs membres ;
2° L'acte de société ;
3° Des certificats de capacité délivrés aux gérants administrateurs ou autres associés spécialement délégués pour diriger l'exécution des fournitures qui font l'objet du marché et assister aux opérations destinées à constater la quantité des fournitures livrées.

Les sociétés indiquent, en outre, le nombre minimum des sociétaires qu'elles s'engagent à employer à l'exécution du marché.

Justifications dont sont dispensés les titulaires de marchés en cours.

Art. 10. Les personnes, sociétés ou associations ouvrières engagées au moment de l'adjudication dans un marché ressortissant au service de l'habillement et du campement sont dispensées de la production des pièces cotées 2 par les articles 7 et 9 et de l'acte constitutif de société mentionné à l'article 8.

Dans ce cas, la demande d'admission doit être appuyée d'une copie authentique de ce marché.

Clôture de la liste des déclarations reçues.

Art. 11. Le sous-intendant militaire dresse la liste des déclarations reçues et l'arrête définitivement à l'expiration du délai fixé pour le dépôt.

Une expédition de la liste ainsi dressée est transmise au Ministre de la guerre par la voie hiérarchique.

Visites des usines, manufactures, ateliers, etc.

Art. 12. Le Ministre peut, s'il le juge nécessaire, faire visiter par des commissions spéciales instituées à cet effet les usines, manufactures, ateliers, chantiers, etc., indiqués par les signataires des déclarations comme devant être affectés à l'exécution du service à entreprendre, afin de s'assurer qu'ils remplissent toutes les conditions exigées par les cahiers des charges, et de se rendre compte du chiffre maximum de la production qu'ils peuvent donner dans les limites d'un bon conditionnement de la fourniture ou du service à exécuter.

Les résultats de la visite de chaque usine, manufacture, atelier, chantier, etc., sont constatés par un certificat de vérification qui est communiqué sur les lieux mêmes aux intéressés pour être signé par eux et recevoir toutes observations qu'ils jugeraient devoir faire.

Ces certificats de vérification sont transmis à la commission d'admission pour être examinés et rester annexés au dossier de la déclaration de chaque postulant.

Admission des candidats.

Art. 13. La commission d'admission délibère et statue définitivement sur l'admission des concurrents et de leurs cautions, et, s'il y a lieu, sur le nombre de lots ou sur l'importance des fournitures, travaux, confections, etc., qui peuvent être confiés à chacun d'eux suivant les moyens de production ou d'exécution dont il a été justifié.

Le résultat des délibérations de la commission est constaté par un procès-verbal qui contient, complètes et séparées, d'une part, la liste des admis avec le nombre de lots ou d'arrondissements de fournitures, etc., qui peuvent leur être adjugés, et, d'autre part, la liste des non-admis.

Ces listes sont dressées dans l'ordre alphabétique. Elles doivent être tenues secrètes : le membre technique adresse, en conséquence, sous plis cachetés, les expéditions du procès-verbal qu'il a à envoyer.

Une copie du procès-verbal de la séance d'examen est adressée immédiatement et directement au Ministre (Direction des services administratifs) par le sous-intendant militaire, membre technique de la commission.

Notification des décisions de la commission.

Art. 14. Les décisions de la commission sont notifiées le jour même de la séance d'examen, par les soins du sous-intendant militaire, aux intéressés, à la disposition desquels sont mises des formules de soumission (modèle n° 1) et d'engagement de caution (modèle n° 2).

Dans le cas où une caution personnelle n'a pas été agréée, le signataire de la déclaration d'intention de soumissionner peut, dans les vingt-quatre heures qui suivent la notification de la décision de la commission, présenter, dans les formes indiquées à l'article 7, § 5°, une seconde caution dont l'acceptation ou le refus est prononcé avant la séance par la commission d'adjudication; si cette seconde caution n'est pas acceptée, le soumissionnaire est prévenu qu'il devra constituer son cautionnement en valeurs ou en numéraire, ou, s'il le préfère, subir la retenue du premier dixième de la fourniture totale jusqu'au paiement du solde de ses factures.

Cautionnement provisoire.

Art. 15. Toutes les personnes admises à concourir aux adjudications doivent verser avant la séance, dans une caisse publique, à titre de cautionnement provisoire pour chacun des lots soumissionnés, la somme indiquée par le cahier des charges spéciales.

Ce dépôt est réalisé en numéraire ou en valeurs sur l'Etat, dans les conditions de la notice n° 1, ci-annexée; il doit être établi un récépissé distinct pour chacun des lots soumissionnés par le même concurrent.

Les associations ouvrières sont dispensées de la réalisation des dépôts de garantie.

Etablissement des soumissions.

Art. 16. Les soumissions sont établies en simple expédition et doivent remplir les conditions suivantes :

1° Etre établies sur papier timbré, sans que l'inobservation de cette règle puisse être un motif de rejet absolu, mais sous toutes réserves de l'intervention des agents du ministère des finances auxquels sont communiqués le procès-verbal d'adjudication et les soumissions;

2° Etre conformes au modèle donné à la suite du cahier des charges ;

3° Enoncer d'une manière claire et précise, en toutes lettres, sans ratures ni surcharges non approuvées :

a) Les quantités offertes, exprimées en unités d'après le système métrique et non en termes locaux ;

b) Les prix ou rabais proposés par quintal métrique, hectolitre, mètre ou toute autre unité de poids et mesures légales indiquée au cahier des charges ; les prix ou rabais sont exprimés en francs et centimes seulement et toute fraction inférieure au centime est considérée comme non énoncée (1);

4° Ne contenir aucune clause restrictive, résolutoire ou exceptionnelle;

5° Etre remises cachetées en séance publique au président par le soumissionnaire lui-même ou par un représentant muni de pouvoirs réguliers dûment légalisés et enregistrés, autorisant le mandataire à prendre part, s'il y a lieu, à un nouveau concours, et à signer le procès-verbal s'il est déclaré adjudicataire.

Si le soumissionnaire a présenté une caution solidaire, cette caution signe la soumission. Elle peut, en cas d'absence à la séance d'adjudication, être représentée par un mandataire muni des pouvoirs nécessaires. La même personne peut représenter le soumissionnaire et sa caution.

Les cahiers des charges spéciales peuvent autoriser l'envoi des soumissions par lettres recommandées qui sont adressées soit au président, soit au sous-intendant militaire, membre technique.

La suscription de ces lettres doit indiquer qu'elles contiennent des soumissions.

Obligations résultant du dépôt d'une soumission.

Art. 17. Jusqu'au prononcé de l'adjudication, la remise d'une soumission engage le signataire et sa caution qui ne peuvent la retirer.

Le prononcé de l'adjudication libère tous les soumissionnaires à l'exception des adjudicataires, et, s'il y a lieu, de leurs cautions.

Les personnes ou sociétés déclarées adjudicataires, ainsi que leurs cautions, se trouvent par suite irrévocablement tenues de remplir les obligations mentionnées dans les soumissions et dans les cahiers des charges générales et spéciales.

Les soumissions qui comprennent plusieurs lots engagent les signataires pour chaque lot distinctement et divisément.

Séance d'adjudication. — Dépôt des soumissions.

Art. 18. La commission d'adjudication étant réunie aux jour, lieu et heure indiqués, et la séance ayant été déclarée ouverte, le président fait connaître l'objet de la réunion et dépose sur le bu-

---

(1) Les prix à payer à l'adjudicataire d'après le rabais consenti ne comprendront pas de millièmes. Si pour un effet, objet ou accessoire le calcul donne comme rabais plus de deux décimales, la deuxième sera forcée d'une unité, quelle que soit la valeur de la troisième décimale, le prix de base sera réduit du rabais ainsi obtenu pour avoir le prix net.

Si le calcul donne comme rabais une valeur inférieure au centime, le rabais à appliquer sera d'un centime.

reau la liste des concurrents admis, ainsi que la lettre close contenant le prix-limite ou le rabais-limite (1), en faisant constater que les cachets de cette dernière sont intacts.

Le sous-intendant demande si quelqu'un réclame qu'il soit donné lecture de tout ou partie du cahier des charges. Il y procède dans ce cas, sinon il passe outre. L'accomplissement de cette formalité est mentionné au procès-verbal de la séance.

Le président invite les concurrents à déposer leurs soumissions. A cet effet, il procède à l'appel nominal des personnes admises à soumissionner, en suivant l'ordre de la liste alphabétique établie conformément aux dispositions de l'article 13. A l'appel de son nom, chaque soumissionnaire dépose sur le bureau :

1° La lettre d'admission qui lui a été adressée par le sous-intendant militaire, conformément aux dispositions de l'article 14;

2° S'il y a lieu, les récépissés constatant le versement, pour chaque lot, du cautionnement provisoire; la production de ces récépissés est de rigueur, et il ne peut y être suppléé par aucune remise de valeurs sur le bureau;

Si à la séance d'adjudication il n'est présenté qu'un seul récépissé pour l'ensemble des lots soumissionnés par la même personne ou société, les soumissions auxquelles se rapporte ce récépissé ne seront pas écartées; mais les soumissionnaires supporteront les conséquences de cette dérogation aux dispositions de l'article 15 du cahier des charges, dans le cas où ils seraient déclarés adjudicataires d'une partie seulement des lots soumissionnés.

Par suite, le récépissé constatant le versement des cautionnements provisoires s'appliquant à tous les lots soumissionnés ne sera remis à l'adjudicataire et mainlevée ne lui sera donnée que lorsqu'il aura justifié de la réalisation des cautionnements définitifs afférents aux lots qui lui auront été adjugés;

3° Le pli cacheté contenant sa soumission;

4° Le cas échéant, les pouvoirs du mandataire (2).

Chaque soumission déposée reçoit un numéro d'ordre de présentation.

Ouverture des soumissions. — Soumissions irrégulières.

Art. 19. Lorsque toutes les soumissions ont été déposées, le président annonce publiquement qu'il n'en recevra plus aucune après

---

(1) Le prix-limite est un prix maximum au-dessus duquel l'entreprise ne peut être adjugée.

Le rabais-limite est un rabais minimum au-dessous duquel l'entreprise ne peut être adjugée, c'est-à-dire que l'adjudication ne peut être prononcée qu'en faveur du soumissionnaire qui a offert le plus fort rabais parmi ceux supérieurs au rabais-limite.

(2) La commission les examine immédiatement, statue sur leur validité, et, suivant le cas, accepte ou refuse le dépôt des soumissions.

l'ouverture de la première; il les décachette successivement dans l'ordre des numéros, les date, les vise et les soumet à l'examen de la commission.

Les soumissions qui présentent quelque défaut de forme sont l'objet, de la part de la commission, d'une décision définitive qui est notifiée de vive voix aux intéressés, séance tenante, avant le prononcé de l'adjudication.

Le président donne ensuite lecture de toutes les soumissions, de celles admises comme de celles qui ont été rejetées à un titre quelconque. Les unes et les autres demeurent annexées au procès-verbal.

Classement des soumissions. — Prix ou rabais-limites. — Proclamation des adjudicataires.

Art. 20. Le sous-intendant militaire fait ensuite établir, en commençant par le plus faible prix ou le plus fort rabais, un tableau de classement, par lot, des soumissions; dans le cas où plusieurs concurrents offrent le même prix ou le même rabais, et si ce prix ou ce rabais est le plus favorable de ceux exprimés, il est procédé séance tenante à un concours sur nouvelles offres qui sont écrites en secret à la suite des soumissions primitives, par les soumissionnaires ou leurs fondés de pouvoirs. Les prix ou les rabais résultant de ces offres ne peuvent être moins avantageux, pour l'administration, que ceux consentis d'abord par les signataires (1).

Pour les lots, égaux entre eux comme quantités, et qui sont livrables dans les mêmes délais et dans les mêmes magasins, le classement est fait sans avoir égard aux numéros de ces lots, de manière que l'adjudication puisse être prononcée en faveur des moins offrants sur l'ensemble des propositions faites pour lesdits lots.

S'il arrive que les concurrents se refusent à prendre part au nouveau concours dont il est question au paragraphe 1 ci-dessus, ou que leurs nouvelles offres soient encore égales, le classement a lieu alors par la voie du sort (2).

---

(1) Lorsque les cahiers des charges ont autorisé l'envoi des soumissions par lettres recommandées, conformément aux dispositions de l'article 16, les soumissionnaires qui ont usé de cette faculté ne peuvent prendre part au deuxième concours. Peuvent seuls participer à ce concours les soumissionnaires présents ou représentés.

(2) A égalité de prix ou de rabais entre une soumission d'entrepreneur ou fournisseur et une soumission de société d'ouvriers, cette dernière est préférée.

Dans le cas où plusieurs sociétés d'ouvriers offrent le même rabais, il est procédé à une réadjudication entre ces sociétés sur de nouvelles soumissions.

Si les sociétés se refusent à faire de nouvelles offres ou si les nouveaux rabais ne diffèrent pas, le sort en décide.

En Algérie et en Tunisie, si deux concurrents, l'un Français, l'autre étranger ou indigène font des offres égales et qu'ils se refusent à faire de nouvelles

Cette opération terminée, le président donne lecture à haute voix du tableau de classement au public assemblé.

Puis il brise les cachets de la lettre close contenant les prix ou les rabais-limites, communique ces prix ou ces rabais aux membres de la commission, en rappelant qu'ils doivent rester absolument secrets, et déclare adjudicataires ceux des soumissionnaires dont les offres sont les plus avantageuses pour l'administration, si ces offres sont dans les conditions des prix ou des rabais-limites.

Le pli renfermant les prix ou les rabais-limites est ensuite recacheté pour rester annexé, en cet état, au procès-verbal de la séance.

Cas de réadjudication ou de nouveaux concours.

Art. 21. Si l'adjudication ne donne pas de résultats ou ne donne des résultats que pour un nombre de lots inférieur à celui dont se compose le service à entreprendre, il est procédé, séance tenante, à une nouvelle adjudication, à laquelle peuvent prendre part tous les concurrents admis par la commission, dans les conditions indiquées à l'article 13, à l'exception de ceux qui ont déjà obtenu le nombre maximum de lots pour lesquels ils ont été admis à soumissionner et de ceux qui ne sont ni présents ni représentés. (Renvoi 1 de l'article 20.)

Les concurrents qui ont participé au premier concours écrivent leurs offres en secret, à la suite de leurs soumissions respectives.

Réclamations, protestations.

Art. 22. Les décisions de la commission sont définitives et sans appel; elles sont toujours portées à haute voix et pour notification à la connaissance du public et des intéressés.

Toutefois les protestations ou réclamations qui sont faites séance tenante par un ou plusieurs soumissionnaires font l'objet d'une mention spéciale au procès-verbal de la séance, procès-verbal qui est alors signé par les réclamants.

Si aucune réclamation n'a lieu, le procès-verbal le mentionne.

Procès-verbal d'adjudication.

Art. 23. Les différentes opérations de la commission, les résultats de l'adjudication et, le cas échéant, de la réadjudication, sont constatés par un procès-verbal établi en deux originaux.

Cet acte, qui tient lieu de marché, est signé avec les tableaux et annexes, quand il y a lieu, par les adjudicataires et leurs cautions,

---

offres, ou si un dernier concours est resté sans résultat, la fourniture est adjugée au soumissionnaire français, sans qu'il y ait lieu de recourir au tirage au sort.

par les réclamants, ainsi que par les membres et le président de la commission.

Un des deux originaux est conservé par le président de la commission d'adjudication; l'autre est classé dans les archives du sous-intendant militaire, membre technique.

Ce fonctionnaire adresse au directeur du service de l'intendance intéressé, pour être transmise au Ministre, une copie conforme dudit procès-verbal revêtue de la mention de l'enregistrement; il délivre, en outre, aux adjudicataires un extrait de ce document établi conformément au modèle annexé au présent cahier des charges.

Approbation du procès-verbal d'adjudication.

Art. 24. Le sous-intendant militaire accepte définitivement, séance tenante, au nom du Ministre les résultats de l'adjudication et, le cas échéant, de la réadjudication prévue à l'article 21, sauf dans les circonstances indiquées à l'article 28 ci-après.

Cas d'absence de l'adjudicataire ou de sa caution, ou refus de signer.

Art. 25. Si, au moment de la clôture des opérations de la commission, l'adjudicataire ou sa caution sont absents et non représentés ou si, présents, ils refusent de signer le procès-verbal d'adjudication, mention en est faite au procès-verbal de la séance, auquel, dans ce cas, la soumission dudit adjudicataire et l'engagement de la caution restent annexés. Le sous-intendant militaire fait adresser un extrait conforme du procès-verbal au domicile de l'adjudicataire et, s'il y a lieu, de sa caution.

Cette notification a lieu par la voie administrative.

Remise des récépissés de cautionnements provisoires.

Art. 26. Après l'adjudication, sauf l'exception prévue à l'article 18, sont autorisés à retirer leurs récépissés de cautionnement provisoire, après que l'annotation suivante y a été inscrite par le président : « M.... (indiquer le cas) a droit à la restitution de son cautionnement provisoire » :

1° Les soumissionnaires non adjudicataires;

2° Les soumissionnaires adjudicataires d'une fourniture dont le montant total n'est pas supérieur à 20.000 francs à l'intérieur et à 5.000 francs en Afrique;

3° Les soumissionnaires adjudicataires d'une fourniture supérieure à 20.000 francs à l'intérieur et à 5.000 francs en Afrique, s'ils ont constitué une caution personnelle.

Les récépissés des soumissionnaires déclarés adjudicataires d'une fourniture dont le montant total est supérieur à 20.000 francs à l'intérieur et à 5.000 francs en Afrique, qui ont déclaré vouloir réaliser un cautionnement définitif en valeurs ou en numéraire, sont conservés à l'appui de leurs marchés jusqu'à ce qu'ils aient justifié de la réalisation dudit cautionnement définitif; les récépissés des adjudicataires qui ont déclaré vouloir supporter la retenue du premier dixième de leurs fournitures ne sont restitués que lorsque ce dixième a été effectivement livré et reçu.

Insuccès de l'adjudication. — Marché de gré à gré.

Art. 27. Si l'adjudication n'a donné aucun résultat, tant après un premier qu'après un second concours, ou seulement un résultat partiel, le président, après avoir informé le public, fait connaître que le sous-intendant militaire pourra, dans un délai de quarante-huit heures dont il fixe le terme, recevoir des offres pour traiter de gré à gré dans la limite du prix ou du rabais fixé. Toute personne produisant les mêmes justifications que celles préalablement exigées des soumissionnaires peut prendre part à cette nouvelle opération. Les nouvelles offres, remises sous pli cacheté, engagent les soumissionnaires jusqu'à la décision qui sera prise. Les soumissionnaires sont admis à l'ouverture et au dépouillement de leurs offres.

Le sous-intendant militaire accepte définitivement, au nom du Ministre, parmi les soumissions qu'il juge régulières, celles qui sont les plus avantageuses dans les conditions du prix ou du rabais déterminé.

Si les nouvelles offres, qui ne peuvent d'ailleurs être faites qu'une fois, se trouvent égales, la désignation de l'adjudicataire est faite par voie de tirage au sort, sauf les exceptions prévues pour l'Afrique et les sociétés d'ouvriers (art. 20).

L'acceptation des offres donne lieu à la passation de marchés de gré à gré par application du paragraphe 9 de l'article 18 du décret du 18 novembre 1882. Les dispositions de cet article sont rappelées en tête du marché.

Les résultats de ce concours sont portés à la connaissance du Ministre en même temps que ceux de l'adjudication.

Approbation de l'adjudication par le Ministre.

Art. 28. Les résultats de l'adjudication et, s'il y a lieu, de la réadjudication sont soumis à l'approbation du Ministre s'il y a eu des réclamations ou des protestations faites pendant la séance d'adjudication et insérées au procès-verbal.

Il en est de même si un seul soumissionnaire s'est présenté à l'adjudication. Mais l'approbation ministérielle n'est pas nécessaire s'il n'a été déposé qu'une soumission à un deuxième concours, alors qu'au premier concours resté infructueux plusieurs soumissionnaires se sont présentés.

Lorsque l'approbation de l'adjudication est réservée au Ministre, le sous-intendant militaire accepte néanmoins les résultats de l'opération; mais il appelle l'attention des adjudicataires sur le caractère provisoire de leurs engagements et sur les stipulations de l'article 36 relatives aux délais d'exécution.

La décision ministérielle, qui intervient ensuite sur l'approbation ou la non-approbation définitive de l'adjudication, est notifiée par écrit à chaque adjudicataire, par le sous-intendant militaire, au domicile indiqué dans sa soumission.

En cas de non-approbation, les adjudicataires provisoires n'ont droit à aucune indemnité.

Frais d'adjudication.

Art. 29. Les frais de timbre des deux originaux du procès-verbal d'adjudication, les droits d'enregistrement de cet acte, les frais de timbre d'un exemplaire du cahier des charges spéciales, sont au compte des adjudicataires, proportionnellement à l'importance des lots dont chacun d'eux a obtenu la fourniture.

Les pièces dont il s'agit sont timbrées, et le procès-verbal est enregistré, à la diligence du sous-intendant militaire chargé du service de l'habillement.

Le montant de la part des frais incombant à chaque adjudicataire est versé au Trésor sur l'ordre dudit fonctionnaire ; les récépissés constatant ces versements lui sont remis par les adjudicataires.

|Caution solidaire et cautionnement.

Art. 30. Pour la garantie de l'exécution de ses engagements, chaque adjudicataire d'une fourniture supérieure à 20.000 francs à l'intérieur et à 5.000 francs en Afrique est tenu : soit de présenter une caution solidaire, bonne et solvable, dont l'admission est prononcée suivant les règles tracées aux articles 13 et 14, et qui signe avec lui la soumission et le procès-verbal de l'adjudication, soit de réaliser, dans les huit jours qui suivent la notification des résultats de l'adjudication, en numéraire ou en valeurs sur l'Etat, un cautionnement dont l'importance pour chaque lot est égale à celle du cautionnement provisoire dont il est question à l'article 15.

La notice n° 1, annexée au présent cahier des charges, rappelle les prescriptions réglementaires relatives à cette réalisation ainsi qu'à la restitution des cautionnements.

Ledit cautionnement peut être, si l'adjudicataire le préfère, remplacé par la retenue, jusqu'au paiement du solde de la facture, du premier dixième du montant total de l'entreprise à effectuer.

Pour les marchés dont les paiements s'étendent sur plusieurs exercices, ce dixième est ordonnancé au nom du trésorier-payeur général qui en fait recette au titre de la Caisse des dépôts et consignations et délivre un récépissé et une déclaration de versement ; cette dernière est transmise au Ministre. Dans ce dernier cas, la mainlevée de ce versement est demandée et donnée dans la même forme que pour les cautionnements définitifs. (Notice n° 1.)

Les sociétés d'ouvriers sont dispensées de fournir un cautionnement lorsque le montant du marché ne dépasse pas 50.000 fr.

Si le marché comprend la remise de matières premières ou d'objets appartenant à l'Etat, l'entrepreneur peut être tenu, pour garantir en tout ou en partie la valeur du matériel appartenant à l'Etat, et dont il reste d'ailleurs comptable pour la valeur totale, quelle que soit l'importance de la garantie pécuniaire, et alors même que la perte proviendrait d'un cas de force majeure, de constituer un cautionnement en numéraire ou en valeurs sur l'Etat, quand bien même l'importance dudit marché ne dépasserait pas 20.000 francs à l'intérieur et 5.000 francs en Afrique.

Ce cautionnement peut, comme il est dit ci-dessus, être remplacé par une retenue sur les premiers paiements faits à l'entrepreneur, mais dans le cas seulement où la durée du marché comprend plusieurs exercices.

Le montant du cautionnement ou de la retenue est fixé par le cahier des charges spéciales.

Dans le cas où l'importance du marché exigerait des garanties particulières, les cahiers des charges peuvent stipuler, après autorisation spéciale du Ministre, que l'adjudicataire sera tenu de présenter une caution solidaire et de constituer un cautionnement.

TITRE II.

DISPOSITIONS RELATIVES A L'EXÉCUTION DES MARCHÉS.

De la conformité des effets avec le type.

Art. 31. Les matières et effets confectionnés doivent être entièrement conformes, pour la qualité des matières et tous les détails de confection, aux modèles types adoptés par le Ministre et aux indications des notices données par les cahiers des charges spéciales ou les instructions ministérielles portant description du matériel.

En cas de différences entre les descriptions et les modèles types, les indications données par les descriptions sont seules valables et font règle pour la réception des objets.

Les modèles remis aux entrepreneurs ont pour principal objet de leur servir de guide et de renseignement pour les confections, notamment sous le rapport de l'aspect général des matières et effets et pour les menus détails qui ne peuvent être précisés par les descriptions, par les cahiers des charges spéciales ou leurs annexes.

Toutefois, les défectuosités que peut présenter un modèle ne pourront, en aucun cas, être opposées à l'administration, et l'entrepreneur aura pour obligation stricte de livrer des matières et effets aussi irréprochables que possible et au moins égaux aux modèles, qui représentent le minimum de ce qui est exigible.

Sauf exceptions prévues aux cahiers des charges spéciales, le matériel livré doit être de provenance française. Les droits de douane existant au moment de l'adjudication et ceux qui viendraient à grever, en cours de marché, le matériel à fournir sont à la charge de l'entrepreneur.

Par contre, les droits d'octroi donneront lieu à compensation.

Matières à livrer aux adjudicataires.

Art. 32. Dans le cas où le service à entreprendre comporte la remise, par l'administration, de matières premières, les instructions spéciales stipulent la quantité de ces matières allouées pour chaque effet à confectionner et désignent les accessoires que l'adjudicataire doit fournir à son compte.

Les matières sont livrées par le magasin administratif le plus rapproché de l'atelier de confection, et au fur et à mesure des besoins; les frais du transport du magasin à l'atelier sont à la charge de l'adjudicataire.

Les draps, toiles et autres étoffes sont remis d'après leur métrage d'ordre, c'est-à-dire d'après le métrage arrêté par les commissions de réception et sans que les entrepreneurs de confection puissent élever de réclamations à ce sujet.

Les matières sont remises gratuitement à l'entrepreneur et proportionnellement à l'importance des commandes; les économies réalisées sur la coupe des étoffes lui appartiennent. Par contre, il est tenu de se procurer dans les magasins administratifs, aux prix fixés par les cahiers des charges spéciales, les quantités de matières qui lui seraient nécessaires pour la confection des effets commandés, en sus de celles qui lui ont été remises dans les limites des fixations des devis.

L'administration peut également, le cas échéant, remettre aux adjudicataires, pour être transformés, les objets et matières susceptibles d'être remployés.

Assurance contre l'incendie.

Art. 33. Dans le cas où l'entrepreneur reçoit de l'Etat soit du matériel, soit des matières premières à transformer, il peut être tenu de faire assurer contre l'incendie, pendant toute la durée de son marché, les bâtiments et l'outillage affectés à l'exécution de son service ainsi que le matériel ou les matières qui lui auront été confiés.

Le matériel et les matières premières appartenant à l'Etat font l'objet d'une police d'assurance spéciale, stipulant expressément que l'administration de la guerre a le droit, dans le cas de sinistre, de se substituer aux droits de l'entrepreneur vis-à-vis de la compagnie d'assurance.

L'assurance est faite par une ou plusieurs compagnies préalablement agréées par le sous-intendant militaire chargé du service de l'habillement de la région dans laquelle est situé son établissement.

L'entrepreneur justifie de l'accomplissement de cette obligation par la présentation des polices d'assurance au sous-intendant militaire, dans les huit jours qui suivent la notification de l'approbation de l'adjudication.

Les cahiers des charges spéciales indiquent, le cas échéant, l'importance du matériel, appartenant à l'Etat, qui doit être assuré.

Surveillance des travaux.

Art. 34. L'administration a le droit d'exercer sa surveillance sur la confection ou la fabrication des matières et objets.

Cette surveillance est exercée par les fonctionnaires de l'intendance militaire et par toutes autres personnes que le Ministre commet à cet effet. Ils ont libre accès de jour et de nuit dans les usines et ateliers; ils peuvent procéder à toutes les vérifications et expériences qu'ils jugent nécessaires et prélever des échantillons des matières, effets ou objets fournis directement par l'entrepreneur et qui sont examinés ou analysés par telles personnes que le Ministre désigne à cet effet.

Il est ouvert dans chacun des établissements soumis à la surveillance un registre (coté et paraphé par le sous-intendant militaire) destiné à recevoir l'inscription de toutes les observations auxquelles peuvent donner lieu, de la part des délégués du Ministre de la guerre, les visites dont il est ci-dessus parlé.

L'entrepreneur doit, en outre, fournir au sous-intendant militaire, verbalement ou par écrit, tous les renseignements qui lui sont demandés sur l'exécution du service.

Les travaux de fabrication, de confection, etc., ne peuvent s'exécuter que dans les ateliers et usines désignés dans les pièces produites en exécution du paragraphe 6 de l'article 7 et indiqués dans la soumission.

Toutefois, les directeurs du service de l'intendance peuvent autoriser exceptionnellement l'entrepreneur, sur sa demande, à faire exécuter en dehors de ses ateliers certains travaux autres que la coupe.

Les travaux dont l'exécution hors des ateliers est autorisée peuvent être effectués dans toute l'étendue de l'arrondissement de fourniture où sont situés les ateliers de l'entrepreneur, mais seulement dans les villes résidences de sous-intendants militaires ou dans un rayon de 15 kilomètres autour de ces villes. La suppression de sous-intendance ne pourra donner lieu à aucune réclamation de la part de l'entrepreneur.

Préposés de l'entrepreneur.

Art. 35. Lorsque l'entrepreneur ne dirige pas lui-même les détails du service, il est tenu de se faire représenter d'une manière permanente par un préposé, auquel sont adressées valablement toutes les communications de l'administration.

Ce préposé doit être préalablement agréé par l'intendant militaire du corps d'armée où s'exécute le service. Ce fonctionnaire peut, en cas de plaintes fondées, exiger son remplacement.

L'entrepreneur doit, en outre, avoir un représentant local dans la place où est situé le magasin destinataire.

Tous les représentants et préposés doivent être Français ou naturalisés Français.

Délais de livraison.

Art. 36. Les livraisons sont effectuées dans les délais indiqués par les cahiers des charges spéciales.

Ces délais commencent à courir du jour de l'adjudication, lorsque les engagements ont été acceptés définitivement en séance par le sous-intendant militaire, membre technique, opérant au nom et pour le compte de l'Etat.

Si l'approbation a été réservée au Ministre, les délais ne courent que du jour de la notification à l'intéressé de l'approbation ministérielle. Dans le cas prévu à l'article 27, le délai commence à courir du jour de l'acceptation des soumissions par le sous-intendant militaire.

Bulletins de dépôt.

Art. 37. La date de chaque versement est constatée par un bulletin de dépôt établi en deux expéditions sur des imprimés fournis par l'administration. Ce bulletin est certifié par l'entrepreneur ou par un fondé de pouvoirs dûment autorisé.

L'officier comptable du magasin administratif certifie la date effective du dépôt sur les deux expéditions du bulletin. Il en conserve une et remet l'autre à l'entrepreneur.

Vérification avant confection.

Art. 38. Les matières premières qui sont fournies par l'entrepreneur pour être employées aux confections sont vérifiées, avant toute opération d'assemblage, dans les magasins administratifs, par des experts commissionnés nommés par l'administration de la guerre.

Les experts commissionnés se conforment, pour ces vérifications, aux instructions ministérielles et aux prescriptions des notices annexées aux cahiers des charges spéciales.

L'entrepreneur, ses préposés et représentants ne sont pas admis à assister aux opérations de vérification des experts.

Des échantillons des matières premières employées peuvent être prélevés dans les ateliers des adjudicataires.

Ces prélèvements peuvent également porter sur les pièces séparées admises ou non par les experts.

Ces échantillons reçoivent la destination indiquée à l'article 34 ci-dessus.

Examen après confection.

Art. 39. La vérification du matériel livré s'effectue dans les conditions déterminées par les instructions ministérielles et que rappelle la notice n° 2 faisant suite au présent cahier des charges.

Quand il s'agit de travaux, les cahiers des charges spéciales déterminent le mode de vérification qui doit être employé.

Il est entendu, d'une manière générale, que l'administration peut avoir recours, pendant l'exécution du marché, à d'autres procédés de vérification que ceux indiqués dans les cahiers des charges, notices, descriptions, pour s'assurer si les matières, effets, objets ou accessoires remplissent bien les conditions imposées, et sans que les fournisseurs ou entrepreneurs puissent formuler des réclamations, recevoir communication de ces procédés ou prétendre à des indemnités.

L'entrepreneur est avisé, en temps utile, des jours et heures fixés pour les réceptions, afin qu'il puisse, s'il le juge convenable, y assister ou s'y faire représenter.

Après l'admission des effets, l'officier comptable du magasin réceptionnaire délivre un récépissé comptable à l'entrepreneur. Les récépissés sont toujours distincts par nature de fourniture et même par commande s'il s'agit de marchés à long terme ; cependant, si les opérations de réception sont fréquentes, le sous-intendant militaire peut autoriser l'officier comptable à ne délivrer, pour chaque commande, que deux récépissés par mois (le 1er et le 16), chacun d'eux comprenant tous les effets reçus pendant la quinzaine écoulée.

Le Ministre se réserve de faire procéder par toute personne qu'il désignera à toutes vérifications qu'il jugera utiles, indépendamment de la vérification des experts et des commissions de réception.

Rejets et ajournements. — Délais de remplacement.

Art. 40. Les effets rejetés par les commissions restent pour compte à l'adjudicataire et doivent être remplacés par d'autres réunissant les conditions exigées. Un délai de quinze jours pleins, à dater du lendemain du jour où le rejet a été prononcé, est accordé pour ce remplacement.

Quant aux effets dont la réception a été ajournée jusqu'après réparation, ils doivent être représentés aux commissions dans le même délai de quinze jours.

A l'expiration de ces délais, les retenues déterminées à l'article 43 sont exercées.

Les effets rejetés ou ajournés sont déduits du bulletin de dépôt sur lequel ils ont été compris.

Frais de manutention.

Art. 41. Les frais de manutention des objets rejetés ou ajournés sont mis à la charge des adjudicataires à raison de 5 p. 100 du prix auquel chacun d'eux est payé à l'entrepreneur.

Ces frais sont totalisés, en fin de livraison ou de trimestre, par les comptables des magasins réceptionnaires, et le montant en est précompté sur le mandat délivré à l'entrepreneur pour solde de ses fournitures.

Imputation de la valeur des matières premières.

Art. 42. En cas de rejet d'effets confectionnés avec des matières remises par l'administration, comme en cas de perte ou d'avarie, la valeur de ces matières est imputée, aux prix indiqués par les cahiers des charges spéciales, ou, à défaut, par la nomenclature du matériel du service de l'habillement en vigueur à la date de l'adjudication, aux entrepreneurs, qui en versent le montant au Trésor public en échange de récépissés qu'ils remettent au sous-intendant militaire chargé du service de l'habillement.

Il en est de même, en cas d'annulation totale ou partielle de commandes ou marchés dans les cas prévus aux cahiers des charges spéciales, pour les matières qui ne peuvent être représentées en pièces et en général en état d'être utilisées par l'administration.

Pénalités en cas de retard.

Art. 43. Après l'expiration des délais déterminés et sans qu'il soit besoin d'acte, l'adjudicataire, étant, par l'échéance seule du terme, en demeure d'effectuer les livraisons en retard, est passible, sur le montant des fournitures non effectuées en temps utile, d'une retenue de 1 franc par 1.000 francs et par jour pendant les trente premiers jours de retard, et de 2 francs par jour et par 1.000 francs, à partir du trente et unième jour, mais sans que le montant total des retenues puisse dépasser 10 p. 100 de la valeur du montant total des fournitures en retard comprises dans le marché, s'il s'agit d'un contrat annuel, ou bien dans une même facture trimestrielle, s'il s'agit d'un traité de plusieurs années (1).

---

(1) Un effet ou objet qui est représenté plusieurs fois par suite d'ajournement ou qui est remplacé à la suite de rejets n'est compté qu'une fois pour sa valeur dans le calcul du montant total des fournitures en retard, c'est-à-dire que la valeur de l'effet représenté ou de remplacement n'est pas comprise dans ce calcul.

La date de livraison est celle qui est constatée par le bulletin de dépôt prescrit par l'article 37.

Il est tenu compte, dans le calcul du nombre de jours de retard, des dispositions de l'article 40.

Cas d'événements de force majeure. — Sursis de livraison.

Art. 44. Les cas de force majeure ou événements fortuits, de nature à entraver l'exécution des marchés, peuvent donner lieu à la concession de sursis, sous la condition que le service n'aura pas à en souffrir et que les faits auront été signalés, dans les vingt-quatre heures, par l'adjudicataire au sous-intendant militaire de la circonscription où se trouve situé l'établissement.

Les sursis d'une durée d'un mois et au-dessous sont accordés par les directeurs du service de l'intendance des corps d'armée dans lesquels sont situés les magasins réceptionnaires; au-dessus d'un mois, les sursis ne peuvent être concédés que par le Ministre; les demandes lui sont transmises par les directeurs du service de l'intendance, avec leur avis motivé.

Faute par l'adjudicataire de faire sa déclaration dans le délai de vingt-quatre heures, il est passible de toutes les conséquences qui pourront en résulter pour lui, pour retard ou mauvaise exécution du service.

Il n'est pas donné suite aux demandes de sursis qui sont formées après l'expiration des délais de livraison, ni aux demandes de remise des pénalités encourues.

En cas de retards dans la livraison des matières premières par les comptables des magasins administratifs, les adjudicataires en avisent le sous-intendant militaire chargé du service du magasin réceptionnaire; dans ce cas, après constatation, il est accordé une prolongation de délai exactement égale au retard.

Cas de résiliation du marché.

Art. 45. Le Ministre a le droit, après une enquête administrative dont il est dressé procès-verbal, au cours de laquelle l'entrepreneur est entendu pour présenter ses observations, et sans qu'il soit besoin de recourir à un acte judiciaire ou extrajudiciaire, de prononcer la résiliation du marché, sans que l'entrepreneur puisse prétendre à aucune indemnité :

1° Si l'entrepreneur n'a pas réalisé son cautionnement dans le délai fixé à l'article 30;

2° Si l'entrepreneur n'a pas à sa disposition les moyens de production nécessaires à la fabrication du maximum fixé et si, au cours du marché, il ne les entretient pas en bon état et au complet;

3° Si les retards apportés dans les livraisons se prolongent au delà de deux mois. Dans ce cas, l'administration aura le droit, si elle ne prononce pas la résiliation du marché, de refuser de prendre livraison des effets qui n'auraient pas été déposés dans les deux mois écoulés à partir du jour où expirait le délai de livraison ;

4° Si les rejets dépassent 10 p. 100 au titre d'une même commande soit normale, soit éventuelle ;

5° Si le service est abandonné ou si l'entrepreneur manque d'une manière réitérée à une ou plusieurs clauses du cahier des charges et de ses annexes ;

6° Si, sans y avoir été autorisé par le Ministre, l'entrepreneur cède son marché en totalité ou en partie, ou contracte une association quelconque pour l'exécution de sa fourniture ;

7° Si une société adjudicataire modifie sa constitution sans l'autorisation du Ministre de la guerre ;

8° S'il est présenté en livraison des effets dans la confection desquels entrent des matières premières rejetées ;

9° Si le service est exécuté dans un esprit de fraude, ou si des faits délictueux ou des manœuvres coupables ont été relevés dans son exécution.

Dans les cas prévus aux alinéas 8 et 9, il suffit que l'infraction ait été constatée dans la forme indiquée au premier alinéa du présent article.

Si l'infraction relevée contre l'entrepreneur dans le procès-verbal administratif de constatation visé au premier alinéa du présent article est comprise dans la catégorie de celles qui sont indiquées aux paragraphes 1, 2, 3 ou 4 ci-dessus, la résiliation du marché ne peut être prononcée qu'après une mise en demeure restée sans effet, qui aura été adressée administrativement à l'entrepreneur et, le cas échéant, à sa caution.

Cette mise en demeure n'est pas nécessaire, même en ce qui concerne la caution, qui est alors dépossédée au même titre que l'entrepreneur, si l'infraction relevée est comprise parmi celles qui sont visées aux paragraphes 5, 6, 7, 8 ou 9 ci-dessus.

La retenue stipulée à l'article 43 est décomptée jusqu'au jour de la résiliation.

Les actes considérés comme frauduleux peuvent, malgré la résiliation du marché, être l'objet de poursuites judiciaires.

Cas dans lesquels le service (fournitures ou travaux) peut être assuré aux risques et périls de l'entrepreneur et de sa caution.

Art. 46. Dans les cas prévus à l'article précédent, le Ministre se réserve, s'il ne prononce pas la résiliation du marché, et après l'accomplissement des mêmes formalités que celles indiquées audit article, de pourvoir, aux risques et périls de l'entrepreneur, au service restant à faire jusqu'à la date de l'expiration du marché, ou bien seulement aux confections et fournitures non effectuées en temps utile, par telle voie qu'il jugera convenable (marchés passés à la suite d'adjudications publiques ou de concours restreints, marchés de gré à gré, ou achats sur simple facture).

La retenue stipulée à l'article 43 est décomptée jusqu'au jour où l'entrepreneur est avisé de l'application des dispositions du présent article.

La plus-value résultant des achats faits par l'administration est à la charge de l'entrepreneur, sans que la moins-value puisse lui profiter.

Les actes considérés comme frauduleux peuvent, comme dans les cas de l'article précédent, être l'objet de poursuites judiciaires nonobstant l'application des dispositions du présent article.

Dans le cas où le service est assuré par défaut, la caution pursonnelle en supporte les risques, solidairement avec l'entrepreneur, alors même qu'elle aurait été dépossédée sans mise en demeure, conformément à l'article 45 ci-dessus.

Cas de guerre.

Art. 47. En cas de guerre, l'entrepreneur n'est pas admis à demander la résiliation du marché. Mais les prix seront fixés con-`tradictoirement entre l'administration de la guerre et l'entrepreneur; dans le cas où l'entente ne pourrait s'établir, ces prix seront déterminés par expertise. Les trois experts sont nommés : l'un par le Ministre de la guerre, l'autre par l'entrepreneur et le troisième par le préfet du département sur une liste dressée par les soins du tribunal de commerce.

Cas de décès ou de faillite de l'adjudicataire. — Liquidation judiciaire.

Art. 48. Le décès ou la faillite de l'adjudicataire entraîne de droit la résiliation de son engagement, sauf le cas où les héritiers ou les ayants cause offrent de continuer l'exécution du service et sont agréés par le Ministre.

S'ils préfèrent se dégager de toute obligation, ils notifient à l'administration militaire le jugement déclaratif de faillite ou l'acte de décès et le marché se trouve résilié de plein droit, deux mois après cette notification.

Toutefois, en cas de décès, les héritiers et, en cas de faillite, les ayants cause doivent, si l'administration le juge utile, continuer le service pendant une période de deux mois.

Si l'entrepreneur cesse ses paiements et est admis au bénéfice de la liquidation judiciaire, telle qu'elle est réglée par la loi du 4 mars 1889, le Ministre a la faculté de résilier le marché sans mise en demeure et sans indemnité pour l'entrepreneur et sa caution, même dans le cas où le premier est autorisé par le tribunal à continuer l'exploitation de son commerce ou de son industrie.

Rôle de la caution. — Destination du cautionnement.

Art. 49. La caution personnelle s'engage solidairement avec

l'entrepreneur principal à l'exécution du service et elle est, comme ce dernier, tenue de se conformer strictement à l'exécution de toutes les clauses et conditions imposées par les cahiers des charges, dans le cas où, par suite de défaillance de l'adjudicataire, elle est mise en demeure d'assurer les fournitures laissées en souffrance.

En cas de décès ou de faillite, la caution reste engagée, s'il y a lieu, pendant le délai de deux mois fixé à l'article 48.

En cas de liquidation judiciaire, la caution reste engagée pour l'exécution du service, si le Ministre n'use pas de la faculté qui lui est laissée par le même article de résilier le marché.

Le cautionnement est destiné à garantir la bonne exécution de l'entreprise; il sert, en conséquence, à couvrir le Trésor de tout excédent de dépense résultant, pour l'administration de la guerre, d'achats effectués dans les conditions indiquées à l'article 46, aux risques et périls du défaillant, si les sommes acquises à celui-ci sont insuffisantes pour combler l'excédent de dépense.

L'application du cautionnement à l'extinction des débets liquidés par le Ministre de la guerre a lieu aux poursuites et diligences de l'agent judiciaire du Trésor public, en vertu d'une contrainte délivrée par le Ministre des finances.

Mandats d'acompte.

Art. 50. Sur la production des récépissés comptables constatant la prise en charge des effets admis, l'adjudicataire peut recevoir du sous-intendant militaire chargé de la surveillance administrative du magasin réceptionnaire, des mahdats d'acompte, jusqu'à concurrence des cinq sixièmes du montant des fournitures effectuées.

Aucun acompte ne peut être délivré à l'adjudicataire avant qu'il ait fourni la preuve du remboursement de la quote-part des frais d'adjudication énumérés à l'article 29, et, s'il n'a pas constitué de caution personnelle, avant qu'il ait justifié de la réalisation du cautionnement prévu à l'article 30, ou, le cas échéant, effectué des livraisons représentant le dixième de la valeur de la fourniture totale.

Il est également tenu de justifier du paiement de la prime d'assurance, dans les cas prévus à l'article 33.

Si le marché a une durée de plusieurs années, l'entrepreneur justifie du paiement des primes annuelles avant qu'aucun mandatement lui soit fait au titre de l'exercice auquel la prime s'applique.

Facture.

Art. 51. Lorsque la fourniture est terminée, ou trimestriellement s'il y a lieu, l'entrepreneur produit, distinctement par magasin, une facture de toutes les fournitures effectuées par lui.

Lorsque les soumissions comportent un rabais, les prix nets à payer, d'après le rabais consenti, sont établis comme il est dit à l'article 16. renvoi (1).

Chaque facture, établie en double expédition par l'entrepreneur, dont une timbrée à ses frais, est appuyée des récépissés comptables établissant la prise en charge des effets par le comptable du magasin réceptionnaire, et, s'il y a lieu, d'un extrait du procès-verbal d'adjudication et d'un état des retenues encourues; elle doit, sous peine de déchéance, être remise au sous-intendant militaire chargé de la surveillance administrative dudit magasin, dans les quarante-cinq jours qui suivent le trimestre au titre duquel la livraison a été effectuée.

Récépissé du dépôt des factures est remis à l'entrepreneur.

Pour les fournitures qui sont prises en charge dans la comptabilité-matières les formules sont délivrées gratuitement par l'administration de la guerre.

Paiement.

Art. 52. Le montant de la facture, déduction faite des sommes payées à titre d'acompte, est mandaté au profit de l'adjudicataire par le sous-intendant militaire compétent.

Le montant des retenues encourues pour retards, pour frais de manutention ou pour tout autre motif prévu au présent cahier des charges, ou de la plus-value résultant d'achats par défaut, conformément aux dispositions de l'article 46, est précompté sur le mandat de paiement dans les conditions indiquées à l'article 50, §§ 3 et 4, de l'instruction du 23 décembre 1888-25 mai 1892, sur la comptabilité-matières.

En cas de saisie-arrêt ou d'opposition sur les sommes dues à l'entrepreneur, ces sommes sont versées d'office à la Caisse des dépôts et consignations; le versement libère définitivement l'administration.

Annexes obligatoires comme le texte des cahiers des charges
générales ou spéciales.

Art. 53. Toutes annexes des cahiers des charges en font partie intégrante et sont, comme les cahiers des charges eux-mêmes, strictement obligatoires pour les parties.

Contestations, juridiction administrative.

Art. 54. L'entrepreneur est soumis aux dispositions des règlements administratifs qui s'appliquent au service entrepris, et auxquelles il n'est pas dérogé par les cahiers des charges.

Les contestations qui peuvent s'élever sur l'exécution du service ou sur l'interprétation des clauses desdits cahiers des charges et du marché, sont décidées administrativement, c'est-à-dire par le Ministre, sauf recours au Conseil d'Etat.

Fait à Paris, le 16 février 1895.

Le Ministre de la guerre,
Signé : Gal ZURLINDEN.

NOTICE N° 1

sur le mode de réalisation et de restitution des cautionnements provisoires et des cautionnements définitifs exigés des fournisseurs.

I
Mode de réalisation des cautionnements.

Les cautionnements provisoires et les cautionnements définitifs sont reçus par la Caisse des dépôts et consignations ou par ses préposés, sans avis préalable du Ministre. Toutefois, les cautionnements définitifs ne sont acceptés que sur la présentation d'un extrait du procès-verbal d'adjudication, indiquant le chiffre du cautionnement fixé par le cahier des charges (1).

Les garanties pécuniaires peuvent consister, au choix des soumissionnaires et adjudicataires : 1° en numéraire ; 2° en rentes sur l'Etat et valeurs du Trésor au porteur ; 3° en rentes sur l'Etat nominatives ou mixtes. Les valeurs du Trésor transmissibles par voie authentique d'endossement, endossées en blanc, sont considérées comme valeurs au porteur.

La valeur en capital des rentes à affecter aux cautionnements est calculée : pour les cautionnements provisoires, au cours moyen du jour de la veille du dépôt ; pour les cautionnements définitifs, au cours moyen du jour de l'approbation de l'adjudication.

Les bons du Trésor à l'échéance d'un an ou de moins d'un an sont acceptés pour le montant de leur valeur en capital et intérêts.

Les autres valeurs déposées pour cautionnements sont calculées d'après le dernier cours publié au *Journal officiel.*

Les cautionnements provisoires ou définitifs, quelle qu'en soit la nature, sont reçus : à Paris, à la Caisse des dépôts et consignations ; dans les départements, par les trésoriers-payeurs généraux et les receveurs des finances, agissant comme agents de ladite Caisse ; et, en Algérie, par les trésoriers-payeurs et payeurs particuliers opérant en la même qualité.

II
Oppositions sur les cautionnements.

Les oppositions sur les cautionnements doivent avoir lieu entre les mains du comptable qui a reçu le cautionnement ; toutes autres oppositions sont nulles et non avenues.

---

(1) Quant aux cautionnements provisoires, lorsque le dépôt est effectué dans la place même où a lieu l'adjudication, le préposé de la Caisse des dépôts et consignations ne peut les recevoir que sur l'avis préalable donné à ce préposé par le sous-intendant militaire chargé du service de l'habillement, à moins que la partie versante ne représente un extrait du cahier des charges.

Lorsque le cautionnement provisoire est déposé dans un lieu autre que celui où s'effectue l'adjudication il n'est exigé la présentation d'aucune pièce ; dans ce cas, le déposant est prévenu que les indications inscrites sur le récépissé conformément à sa déclaration verbale sont reçues à ses risques et périls.

III

**Restitution des cautionnements provisoires. — Leur affectation
à la constitution des cautionnements définitifs.**

Les soumissionnaires obtiennent la restitution de leurs cautionnements provisoires sur la présentation de leurs récépissés de
versement revêtus, à cet effet, d'une annotation du président de
la commission d'adjudication.

Si, conformément aux clauses du cahier des charges, le cautionnement provisoire doit être conservé par l'administration jusqu'à
constitution de nouvelles garanties, l'inscription inscrite au dos
du récépissé est signée par le chef de service intéressé.

Les soumissionnaires déclarés adjudicataires d'une entreprise
dont le montant total est supérieur à 20.000 francs à l'intérieur et
à 5.000 francs en Algérie et en Tunisie, et qui ont déclaré vouloir
subir la retenue du 1er dixième du montant total de la fourniture
ou du service à effectuer, ne sont remboursés de leurs cautionnements provisoires que lorsque ce dixième a été effectivement livré
et reçu.

De même, les adjudicataires d'une entreprise au-dessus de 20.000
francs à l'intérieur et de 5.000 francs en Afrique, et qui ont déclaré avoir l'intention de réaliser un cautionnement définitif en
valeurs ou en numéraire, n'obtiennent le remboursement de leurs
cautionnements provisoires qu'après avoir justifié de la réalisation
de leurs cautionnements définitifs.

Ces derniers peuvent, d'ailleurs, appliquer leurs cautionnements
provisoires à la constitution desdits cautionnements définitifs.

Les intérêts des sommes déposées ne commençant à courir qu'à
partir du soixante et unième jour qui suit la date de la réalisation
du cautionnement, il est essentiel que les soumissionnaires conver-
tissent sans retard leurs dépôts provisoires en cautionnements
définitifs. En conséquence et conformément aux dispositions de
la note ministérielle du 8 mai 1876, l'adjudicataire, sur la demande
qui lui en est faite par le président de la commission d'adjudication, fait connaître s'il est dans l'intention de convertir son cautionnement provisoire en cautionnement définitif. Si la réponse
est affirmative, le sous-intendant militaire en informe immédiatement le comptable qui a reçu le cautionnement provisoire.

IV

Cas où les cautionnements provisoires sont acquis à l'Etat.

Sont acquis à l'Etat les cautionnements provisoires des soumissionnaires qui, déclarés adjudicataires, n'ont pas réalisé leurs
cautionnements définitifs dans les délais fixés par les cahiers des
charges.

V

Restitution des cautionnements définitifs.

Les cautionnements définitifs ne sont restitués qu'en vertu d'une mainlevée donnée par le Ministre sur la demande des intéressés.

La demande de mainlevée des cautionnements doit être adressée au Ministre (Direction des services administratifs, Bureau de l'habillement).

La mainlevée ne peut être donnée qu'autant que l'entrepreneur a été reconnu quitte et libéré de toutes les obligations qui lui étaient imposées et que les comptes de son entreprise ont été apurés.

Toutefois, s'il s'agit de marchés concernant des fournitures qui ont nécessité l'intervention de tiers, elle n'est consentie qu'à l'expiration du délai de six mois prévu par le décret du 12 décembre 1806.

NOTICE N° 2

*sur le mode de vérification et de réception des objets et effets du
service de l'habillement et du campement.*

---

§ 1.

Les commissions chargées de procéder à la réception des effets
et objets du service de l'habillement et du campement sont com-
posées ainsi qu'il suit :

Un officier supérieur, président ;

Quatre capitaines, membres titulaires ;

Deux des quatre membres de la commission peuvent être remplacés par deux lieutenants sepréparant à devenir officiers d'habillement.

Deux capitaines sont désignés comme membres suppléants, à
défaut de membres titulaires.

Ces officiers sont désignés par le général commandant le corps
d'armée et choisis, à moins d'impossibilité. parmi les officiers de
corps différents, employés dans la place de réception.

La commission est assistée. à titre permanent, dans ses opérations. d'un expert appartenant à la spécialité voulue.

La commission doit, en principe, opérer toujours au complet ;
cependant. il suffit de la présence de quatre de ses membres pour
rendre ses décisions valables. Dans ce dernier cas, si les voix sont
également partagées, la décision à prendre est renvoyée à une
séance où la commission sera au complet.

La commission a la faculté de convoquer l'officier d'administration comptable du magasin, lorsqu'elle a besoin de ses avis.

Cet officier d'administration a, de son côté, le droit de demander
à présenter ses observations quand il croit devoir appeler l'attention sur un point déterminé.

Le fonctionnaire de l'intendance militaire chargé de la surveillance du magasin réceptionnaire règle l'ordre des travaux de la
commission ; il assiste, aussi souvent qu'il le peut, à ses opérations, et est entendu dans toutes ses observations, qui sont inscrites. s'il y a lieu, sur sa demande, au registre des procès-verbaux
des séances de la commission.

Lorsque les effets ont été confectionnés avec des matières premières, fournies par l'administration, les commissions n'ont qu'à
s'assurer de la conformié avec les types et les descriptions ; elles
n'ont plus à connaître de la qualité des matières qui ont déjà été
admises et sont la propriété de l'Etat.

Toutefois, elles doivent constater, le cas échéant, l'existence et l'authenticité des marques qui prouvent la réception antérieure et examiner si, dans la coupe des effets, les tares reconnues ont bien été évitées.

§ 2.

Les décisions de la commission de réception sont définitives sauf appel, ainsi qu'il est spécifié au paragraphe 3 ci-après.

Lorsqu'il s'agit de fournitures d'effets de la 2e portion à faire aux corps de troupe, les décisions des commissions de réception, prévues à l'article 26 de l'instruction du 16 novembre 1887-18 mars 1889 sont définitives et sans appel de la part des adjudicataires ou titulaires de marché.

Les résultats de ces opérations sont consignés sur un registre spécial où est indiqué, chaque jour, le nombre d'effets admis, ajournés ou rejetés; ce registre est signé, après chaque séance, par les membres de la commission et l'adjudicataire ou son représentant.

Les effets dont la commission a prononcé l'admission sont, en sa présence ou sous la surveillance d'un de ses membres, marqués d'un timbre indélébile.

La commission prononce l'ajournement ou le rejet des effets qu'elle juge inadmissibles.

Si les défauts signalés peuvent être réparés, les effets ajournés sont, après avoir été marqués d'un timbre *ad hoc*, rendus à l'adjudicataire, à charge par lui de les représenter après réparation; si les défauts sont irréparables, ils lui sont rendus après avoir été marqués d'un timbre de rejet. Toutefois, l'apposition de ce timbre ne peut être faite qu'après que le fournisseur a fait connaître à la commission s'il entend user du droit de pourvoi qui lui est conféré ou s'il renonce à l'exercer.

Les effets ajournés ou rejetés sont enlevés par l'adjudicataire et à ses frais, dans les quarante-huit heures qui suivent la décision de la commission, décision qui lui est notifiée par le comptable du magasin où a été effectuée la livraison, dans le cas où ni lui ni son représentant n'a assisté à la séance.

Dans le cas où l'adjudicataire n'a pas fait procéder à cet enlèvement dans le délai fixé, l'administration se réserve le droit de lui réexpédier les effets à ses frais, risques et périls, et sans qu'il soit besoin d'une mise en demeure préalable.

§ 3.

Dans le cas de rejet par la commission, l'adjudicataire a le droit de se pourvoir contre les décisions de cette commission.

Le pourvoi est formé immédiatement, par l'adjudicataire ou son représentant, entre les mains du président de la commission. Ce pourvoi est transmis le jour même, par le président de la commission, au sous-intendant militaire chargé de la surveillance du service. Si l'adjudicataire, ou son représentant, n'a pas assisté à la séance, un délai de quarante-huit heures est accordé.

En cas de pourvoi par l'adjudicataire, les effets au sujet desquels le pourvoi a été formé sont soumis à l'examen de trois experts désignés :

L'un par l'entrepreneur;

Le deuxième par le sous-intendant militaire,

Et le troisième, par le président de la chambre de commerce, sur la demande de ce même fonctionnaire.

L'adjudicataire est informé par le comptable du magasin du jour et de l'heure fixés par l'expertise à laquelle il est procédé, tant en sa présence qu'en son absence; il peut se faire représenter à l'expertise par son fondé de pouvoirs dûment accrédité.

Le sous-intendant militaire chargé du service fait connaître l'objet du litige; il expose les textes réglementaires qui peuvent éclairer l'avis des experts, mais il n'a pas à se prononcer sur le fond du débat.

Les experts délibèrent à huis clos, autant que possible dans un local particulier et, dans tous les cas, hors de la présence des officiers, fonctionnaires ou agents assistant à la séance ainsi que de toutes autres personnes intéressées ou non dans l'affaire.

Sur l'avis donné au sous-intendant par les experts, la séance est reprise et ces derniers font connaître les résultats de leurs délibérations qui sont prises à la majorité des voix.

Ces délibérations doivent, à peine de nullité, porter exclusivement sur la constatation des défectuosités qui ont motivé le rejet des effets. Si l'une quelconque des défectuosités relevées par la commission de réception est reconnue exister, les experts n'ont pas qualité pour conclure à l'admission des effets rejetés sous le prétexte qu'ils pourraient néanmoins être utilisés sans inconvénient.

Dans le cas où la délibération des experts ne serait pas conforme à ces dispositions, le sous-intendant militaire les inviterait, séance tenante, à recommencer leur examen.

Sur leur refus, ou si la nouvelle délibération ne se bornait pas à constater simplement l'existence ou l'absence des défectuosités reconnues par la commission de réception, le sous-intendant militaire ne retiendra, de l'avis des experts, que la partie concernant ces défectuosités et prononcera, suivant le cas, le rejet ou l'admission des effets en litige.

Le rejet est de droit pour les effets qui sont reconnus, par les experts, présenter l'une quelconque des défectuosités relevées par la commission de réception. Toutefois, l'entrepreneur est libre de contester l'avis des experts. Dans ce cas, il remet ou fait remettre, par son représentant, dans un délai de quarante-huit heures commençant à courir le lendemain du jour de la délibération des experts, un recours au sous-intendant militaire. Ce recours, appuyé d'un état indiquant la nature et le nombre des effets pour lesquels l'adjudicataire n'admet pas l'avis des experts, est transmis par la voie hiérarchique au Ministre.

Lorsque les experts ne reconnaissent pas la présence des défectuosités relevées par la commission de réception, l'admission des effets est prononcée par le sous-intendant militaire, à moins que ce fonctionnaire n'apprécie que la prise en charge desdits effets soit de nature à léser les intérêts de l'Etat.

Dans ce cas, le sous-intendant militaire rend compte à l'intendant militaire directeur du service de l'intendance, qui ordonne la prise en charge si l'avis des experts lui semble pouvoir être suivi, ou qui en réfère au Ministre s'il partage l'appréciation du sous-intendant militaire.

Le .Ministre fait procéder par telle voie et de telle façon qu'il juge convenable à l'examen des recours formés soit par les entrepreneurs, soit par les directeurs du service de l'intendance, contre les résultats des délibérations des experts.

La décision qui intervient à la suite de cet examen, qui n'est pas contradictoire, est notifiée administrativement à l'entrepreneur ou à son représentant par le sous-intendant militaire, qui en assure l'exécution.

Des échantillons de matières et objets ayant donné lieu à l'expertise sont envoyés en même temps que le procès-verbal. S'il s'agit d'étoffes, il est adressé une ou plusieurs pièces entières suivant la nécessité.

Le procès-verbal est adressé au Ministre (Direction des services administratifs, Bureau de l'habillement). Les échantillons sont expédiés directement au comptable du dépôt des modèles (Hôtel des Invalides). Ils doivent être accompagnés d'une étiquette faisant connaître qu'ils sont destinés à être soumis à l'examen du comité technique de l'intendance. Cette étiquette indique, en outre, la nature des échantillons, le nom du fournisseur, la date du marché, la date et le numéro du procès-verbal d'expertise envoyé au Ministre.

Après examen par le comité technique, les échantillons sont rendus au comptable du dépôt des modèles. Cet officier en assure immédiatement le renvoi au magasin expéditeur.

Les effets rejetés sont provisoirement renfermés dans un local dont la clef est confiée au président de la commission.

Les frais d'expertise sont à la charge de l'adjudicataire ou de l'administration de la guerre, proportionnellement au nombre d'effets rejetés ou admis par les experts. Ces frais sont rigoureusement limités au montant des indemnités de vacation à payer aux experts.

L'entrepreneur n'est pas admis à se pourvoir contre les décisions des commissions de réception qui ont prononcé l'ajournement des effets et objets présentés à leur examen.

<table>
<tr><td>Inscrite au procès-verbal
d'adjudication sous le n°</td></tr>
</table>

MODÈLE N° 1.

SERVICE DE L'HABILLEMENT ET DU CAMPEMENT.

SOUMISSION

Pour la (fourniture *ou* confection) *de   lots de* (1)
*livrables aux magasins administratifs de l'habillement et du cam-
pement.*

Le soussigné (2)   demeurant à   ,
département d   , faisant élection de domicile
pour l'exécution du présent engagement à
rue   , n°   .

APRÈS AVOIR PRIS CONNAISSANCE :

1° Du cahier des charges générales, en date du 16 février 1895 ;

2° Du cahier des charges, du   , comportant les
clauses et conditions spéciales imposées aux adjudicataires d'une
(fourniture ou confection) de

3° (3) Des modèles types déposés dans les divers magasins du
service de l'habillement et du campement,

DÉCLARE :

1° Se soumettre à toutes les clauses et conditions imposées par
les cahiers des charges susmentionnés ;

2° Se charger de la (fourniture ou confection) de (1)
aux prix ou rabais suivants :

(4)   ° lot (5)   francs (5)   centimes par..

3° D'exécuter la (fourniture ou confection) dans les usines
de (6)

Fait à   , le (7)   189 .
        (8)

---

(1) Indiquer le nombre et la nature des lots soumissionnés.
(2) Nom, prénoms et qualité.
(3) Cet alinéa doit être biffé le cas échéant.
(4) Indiquer les numéros des lots.
(5) Prix en toutes lettres.
(6) Donner le détail sommaire des ateliers, usines, etc., désignés dans les
pièces produites conformément à l'article 7, § 6.
(7) Date en toutes lettres.
(8) Signatures du soumissionnaire et de la caution, s'il y a lieu.

NOTA. — Bien qu'il ne soit présenté qu'une soumission pour tous les lots
soumissionnés, les résultats de l'adjudication n'en restent pas moins distincts
par lot.

Modèle N° 2.

SERVICE DE L'HABILLEMENT ET DU CAMPEMENT.

ENGAGEMENT DE CAUTION SOLIDAIRE.

Adjudication du   **189** .

Fourniture *ou* confection (1)
   à livrer aux magasins administratifs de l'habillement et du campement.

Le soussigné (2)   , demeurant
à   , département d   , faisant élection de
domicile pour l'exécution du présent engagement à
rue   , n°   ,

APRÈS AVOIR PRIS CONNAISSANCE :

1° Du cahier des charges générales du 16 février 1895, concernant les marchés du service de l'habillement et du campement ;

2° Du cahier des charges, en date du   , comportant les clauses et conditions spéciales imposées aux adjudicataires d'une (fourniture ou confection) de (1)

3° De la demande d'admission à soumissionner formée par M. (3)   demeurant à   , rue   ,
n°   ,

DÉCLARE :

S'engager, en qualité de caution solidaire, avec ledit M.
à l'exécution du service dont ce dernier pourra être déclaré adjudicataire.

A   , le (4)   189 .
       (5)

---

(1) Indiquer la nature du service à entreprendre.
(2) Nom, prénoms et qualité de la caution solidaire.
(3) Nom, prénoms et qualité de l'obligé principal.
(4) Date en toutes lettres.
(5) Signature de la caution.

<table>
<tr><td>MINISTÈRE
DE LA GUERRE.

e DIRECTION.
—
e BUREAU.</td><td>(1)

e CORPS D'ARMÉE
ou
MILITAIRE d</td><td>MODÈLE Nº 3.
—
Nº 278
de la nomenclature.</td></tr>
</table>

PLACE d

SERVICE d

FOURNITURE d

EXTRAIT DU PROCÈS-VERBAL D'ADJUDICATION.

Suivant procès-verbal en date du 189 , été déclaré
adjudicataire des fournitures indiquées ci-après, savoir :

NOM ET RÉSIDENCE d adjudicataire .	NATURE des fournitures.	QUANTITÉS.	PRIX de l'unité.	DÉCOMPTE.	CAUTIONNE-MENT.	DÉLAI de livraison.

(2) RÉALISATION DU CAUTIONNEMENT.

APPROBATION DU PROCÈS-VERBAL D'ADJUDICATION.

Le procès-verbal d'adjudication susmentionné a été approuvé par le
, le 189 .

ENREGISTREMENT.

Enregistré à , le 189 , folio
case , reçu francs centimes, décimes compris.
Signé :

Pour extrait :
Le Sous-Intendant militaire,

---

(1) Gouvernement *ou* division.
(2) Le cautionnement susmentionné a été réalisé en (numéraire ou en rentes sur l'Etat), le
ou
L'adjudicataire propose pour caution personnelle et solidaire M.
demeurant à
ou
Pour tenir lieu de cautionnement, l'adjudicataire ne recevra le 1er dixième de sa fourniture
totale qu'avec le montant de la dernière livraison.

Paris, le 18 février 1895.

Collationné : Herbinet.   *Certifié* : F. Prieur

Paris et Limoges. — Imprimerie militaire Henri Charles-Lavauzelle.

Paris et Limoges. — Imprimerie militaire Henri CHARLES-LAVAUZELLE.